WINE TASTING
JOURNAL

This Book Belongs to

_____

_____

THE WINE LIST

REDS

Page	Wine	Rating
		☆☆☆☆☆
		☆☆☆☆☆
		☆☆☆☆☆
		☆☆☆☆☆
		☆☆☆☆☆
		☆☆☆☆☆
		☆☆☆☆☆
		☆☆☆☆☆
		☆☆☆☆☆
		☆☆☆☆☆
		☆☆☆☆☆
		☆☆☆☆☆
		☆☆☆☆☆
		☆☆☆☆☆
		☆☆☆☆☆
		☆☆☆☆☆
		☆☆☆☆☆
		☆☆☆☆☆
		☆☆☆☆☆
		☆☆☆☆☆

THE WINE LIST

Page	Wine	Rating
		☆☆☆☆☆
		☆☆☆☆☆
		☆☆☆☆☆
		☆☆☆☆☆
		☆☆☆☆☆
		☆☆☆☆☆
		☆☆☆☆☆
		☆☆☆☆☆
		☆☆☆☆☆
		☆☆☆☆☆
		☆☆☆☆☆
		☆☆☆☆☆
		☆☆☆☆☆
		☆☆☆☆☆
		☆☆☆☆☆
		☆☆☆☆☆
		☆☆☆☆☆
		☆☆☆☆☆
		☆☆☆☆☆

THE WINE LIST

WHITES

Page	Wine	Rating
		☆☆☆☆☆
		☆☆☆☆☆
		☆☆☆☆☆
		☆☆☆☆☆
		☆☆☆☆☆
		☆☆☆☆☆
		☆☆☆☆☆
		☆☆☆☆☆
		☆☆☆☆☆
		☆☆☆☆☆
		☆☆☆☆☆
		☆☆☆☆☆
		☆☆☆☆☆
		☆☆☆☆☆
		☆☆☆☆☆
		☆☆☆☆☆
		☆☆☆☆☆
		☆☆☆☆☆
		☆☆☆☆☆
		☆☆☆☆☆

THE WINE LIST

WHITES

Page	Wine	Rating
		☆☆☆☆☆
		☆☆☆☆☆
		☆☆☆☆☆
		☆☆☆☆☆
		☆☆☆☆☆
		☆☆☆☆☆
		☆☆☆☆☆
		☆☆☆☆☆
		☆☆☆☆☆
		☆☆☆☆☆
		☆☆☆☆☆
		☆☆☆☆☆
		☆☆☆☆☆
		☆☆☆☆☆
		☆☆☆☆☆
		☆☆☆☆☆
		☆☆☆☆☆
		☆☆☆☆☆
		☆☆☆☆☆
		☆☆☆☆☆

THE WINE LIST

ROSÉS

Page	Wine	Rating
		☆☆☆☆☆
		☆☆☆☆☆
		☆☆☆☆☆
		☆☆☆☆☆
		☆☆☆☆☆
		☆☆☆☆☆
		☆☆☆☆☆
		☆☆☆☆☆
		☆☆☆☆☆
		☆☆☆☆☆
		☆☆☆☆☆
		☆☆☆☆☆
		☆☆☆☆☆
		☆☆☆☆☆
		☆☆☆☆☆
		☆☆☆☆☆
		☆☆☆☆☆
		☆☆☆☆☆
		☆☆☆☆☆
		☆☆☆☆☆

THE WINE LIST

SPARKLING

Page	Wine	Rating
		☆☆☆☆☆
		☆☆☆☆☆
		☆☆☆☆☆
		☆☆☆☆☆
		☆☆☆☆☆
		☆☆☆☆☆
		☆☆☆☆☆
		☆☆☆☆☆
		☆☆☆☆☆
		☆☆☆☆☆
		☆☆☆☆☆
		☆☆☆☆☆
		☆☆☆☆☆
		☆☆☆☆☆
		☆☆☆☆☆
		☆☆☆☆☆
		☆☆☆☆☆
		☆☆☆☆☆
		☆☆☆☆☆
		☆☆☆☆☆

WISH LIST

Year	Wine	Obtained

WISH LIST

Year	Wine	Obtained

WINE

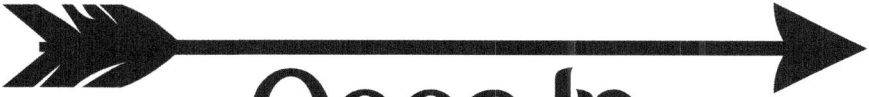

Goes In

WISDOM

Comes Out

WINE TASTING

Wine No: _____ Who: _____

Date: _____ Price: _____

Wine name: _____ Year: _____

When: _____ Where: _____

Alcohol %: _____ Grape Variety: _____

Body	○○○○○	Acidity	○○○○○
Tannins	○○○○○	Finish	○○○○○
Flavour intensity	○○○○○	Overall rating	○○○○○

Aroma/ Bouquet: _____
_____

Taste: _____
_____

Food pairings: _____
_____

Value for money: _____
Review notes: _____
_____
_____

Comments: _____
_____
_____
_____

WINE TASTING

Wine No: _____ Who: _____

Date: _____ Price: _____

Wine name: _____ Year: _____

When: _____ Where: _____

Alcohol %: _____ Grape Variety: _____

Body	○○○○○	Acidity	○○○○○
Tannins	○○○○○	Finish	○○○○○
Flavour intensity	○○○○○	Overall rating	○○○○○

Aroma/ Bouquet: _____

_____

Taste: _____

_____

Food pairings: _____

_____

Value for money: _____

Review notes: _____

_____

_____

Comments: _____

_____

_____

WINE TASTING

Wine No: _____ Who: _____

Date: _____ Price: _____

Wine name: _____ Year: _____

When: _____ Where: _____

Alcohol %: _____ Grape Variety: _____

Body	○○○○○	Acidity	○○○○○
Tannins	○○○○○	Finish	○○○○○
Flavour intensity	○○○○○	Overall rating	○○○○○

Aroma/ Bouquet: _____
_____

Taste: _____
_____

Food pairings: _____
_____

Value for money: _____
Review notes: _____
_____
_____

Comments: _____
_____
_____
_____

WINE TASTING

Wine No: _____ Who: _____

Date: _____ Price: _____

Wine name: _____ Year: _____

When: _____ Where: _____

Alcohol %: _____ Grape Variety: _____

Body	○○○○○	Acidity	○○○○○
Tannins	○○○○○	Finish	○○○○○
Flavour intensity	○○○○○	Overall rating	○○○○○

Aroma/ Bouquet: _____

_____

Taste: _____

_____

Food pairings: _____

_____

Value for money: _____

Review notes: _____

_____

_____

Comments: _____

_____

_____

_____

18

WINE TASTING

Wine No: _____   Who: _____

Date: _____   Price: _____

Wine name: _____   Year: _____

When: _____   Where: _____

Alcohol %: _____   Grape Variety: _____

Body	○○○○○	Acidity	○○○○○
Tannins	○○○○○	Finish	○○○○○
Flavour intensity	○○○○○	Overall rating	○○○○○

Aroma/ Bouquet: _____
_____

Taste: _____
_____

Food pairings: _____
_____

Value for money: _____

Review notes: _____
_____
_____

Comments: _____
_____
_____
_____

WINE TASTING

Wine No: _____ Who: _____

Date: _____ Price: _____

Wine name: _____ Year: _____

When: _____ Where: _____

Alcohol %: _____ Grape Variety: _____

Body	○○○○○	Acidity	○○○○○
Tannins	○○○○○	Finish	○○○○○
Flavour intensity	○○○○○	Overall rating	○○○○○

Aroma/ Bouquet: _____

_____

Taste: _____

_____

Food pairings: _____

_____

Value for money: _____

Review notes: _____

_____

_____

Comments: _____

_____

_____

_____

WINE TASTING

Wine No: _____ Who: _____

Date: _____ Price: _____

Wine name: _____ Year: _____

When: _____ Where: _____

Alcohol %: _____ Grape Variety: _____

Body	○○○○○	Acidity	○○○○○
Tannins	○○○○○	Finish	○○○○○
Flavour intensity	○○○○○	Overall rating	○○○○○

Aroma/ Bouquet: _____
_____

Taste: _____
_____

Food pairings: _____
_____

Value for money: _____
Review notes: _____
_____
_____

Comments: _____
_____
_____
_____

WINE TASTING

Wine No: _____   Who: _____

Date: _____   Price: _____

Wine name: _____ Year: _____

When: _____   Where: _____

Alcohol %: _____   Grape Variety: _____

Body	○○○○○	Acidity	○○○○○
Tannins	○○○○○	Finish	○○○○○
Flavour intensity	○○○○○	Overall rating	○○○○○

Aroma/ Bouquet: _____

_____

Taste: _____

_____

Food pairings: _____

_____

Value for money: _____

Review notes: _____

_____

_____

Comments: _____

_____

_____

_____

WINE TASTING

Wine No: _____   Who: _____

Date: _____   Price: _____

Wine name: _____   Year: _____

When: _____   Where: _____

Alcohol %: _____   Grape Variety: _____

Body	○○○○○	Acidity	○○○○○
Tannins	○○○○○	Finish	○○○○○
Flavour intensity	○○○○○	Overall rating	○○○○○

Aroma/ Bouquet: _____

_____

Taste: _____

_____

Food pairings: _____

_____

Value for money: _____

Review notes: _____

_____

_____

Comments: _____

_____

_____

_____

WINE TASTING

Wine No: _____ Who: _____

Date: _____ Price: _____

Wine name: _____ Year: _____

When: _____ Where: _____

Alcohol %: _____ Grape Variety: _____

Body	○○○○○	Acidity	○○○○○
Tannins	○○○○○	Finish	○○○○○
Flavour intensity	○○○○○	Overall rating	○○○○○

Aroma/ Bouquet: _____

_____

Taste: _____

_____

Food pairings: _____

_____

Value for money: _____

Review notes: _____

_____

_____

Comments: _____

_____

_____

_____

WINE TASTING

Wine No: _____   Who: _____

Date: _____   Price: _____

Wine name: _____   Year: _____

When: _____   Where: _____

Alcohol %: _____   Grape Variety: _____

Body	○○○○○	Acidity	○○○○○
Tannins	○○○○○	Finish	○○○○○
Flavour intensity	○○○○○	Overall rating	○○○○○

Aroma/ Bouquet: _____

_____

Taste: _____

_____

Food pairings: _____

_____

Value for money: _____

Review notes: _____

_____

_____

Comments: _____

_____

_____

_____

25

WINE TASTING

Wine No: _____ Who: _____

Date: _____ Price: _____

Wine name: _____ Year: _____

When: _____ Where: _____

Alcohol %: _____ Grape Variety: _____

Body	○○○○○	Acidity	○○○○○
Tannins	○○○○○	Finish	○○○○○
Flavour intensity	○○○○○	Overall rating	○○○○○

Aroma/ Bouquet: _____

_____

Taste: _____

_____

Food pairings: _____

_____

Value for money: _____

Review notes: _____

_____

_____

Comments: _____

_____

_____

_____

WINE TASTING

Wine No: _____ Who: _____

Date: _____ Price: _____

Wine name: _____ Year: _____

When: _____ Where: _____

Alcohol %: _____ Grape Variety: _____

Body	○○○○○	Acidity	○○○○○
Tannins	○○○○○	Finish	○○○○○
Flavour intensity	○○○○○	Overall rating	○○○○○

Aroma/ Bouquet: _____

_____

Taste: _____

_____

Food pairings: _____

_____

Value for money: _____

Review notes: _____

_____

_____

Comments: _____

_____

_____

_____

WINE TASTING

Wine No: _____ Who: _____

Date: _____ Price: _____

Wine name: _____ Year: _____

When: _____ Where: _____

Alcohol %: _____ Grape Variety: _____

Body	○○○○○	Acidity	○○○○○
Tannins	○○○○○	Finish	○○○○○
Flavour intensity	○○○○○	Overall rating	○○○○○

Aroma/ Bouquet: _____

_____

Taste: _____

_____

Food pairings: _____

_____

Value for money: _____

Review notes: _____

_____

_____

Comments: _____

_____

_____

_____

WINE TASTING

Wine No: _____   Who: _____

Date: _____   Price: _____

Wine name: _____   Year: _____

When: _____   Where: _____

Alcohol %: _____   Grape Variety: _____

Body	○○○○○	Acidity	○○○○○
Tannins	○○○○○	Finish	○○○○○
Flavour intensity	○○○○○	Overall rating	○○○○○

Aroma/ Bouquet: _____

_____

Taste: _____

_____

Food pairings: _____

_____

Value for money: _____

Review notes: _____

_____

_____

Comments: _____

_____

_____

_____

WINE TASTING

Wine No: _____ Who: _____

Date: _____ Price: _____

Wine name: _____ Year: _____

When: _____ Where: _____

Alcohol %: _____ Grape Variety: _____

Body	⭘⭘⭘⭘⭘	Acidity	⭘⭘⭘⭘⭘
Tannins	⭘⭘⭘⭘⭘	Finish	⭘⭘⭘⭘⭘
Flavour intensity	⭘⭘⭘⭘⭘	Overall rating	⭘⭘⭘⭘⭘

Aroma/ Bouquet: _____

_____

Taste: _____

_____

Food pairings: _____

_____

Value for money: _____

Review notes: _____

_____

_____

Comments: _____

_____

_____

_____

WINE TASTING

Wine No: _____   Who: _____

Date: _____   Price: _____

Wine name: _____   Year: _____

When: _____   Where: _____

Alcohol %: _____   Grape Variety: _____

Body	○○○○○	Acidity	○○○○○
Tannins	○○○○○	Finish	○○○○○
Flavour intensity	○○○○○	Overall rating	○○○○○

Aroma/ Bouquet: _____

_____

Taste: _____

_____

Food pairings: _____

_____

Value for money: _____

Review notes: _____

_____

_____

Comments: _____

_____

_____

_____

WINE TASTING

Wine No: _____ Who: _____

Date: _____ Price: _____

Wine name: _____ Year: _____

When: _____ Where: _____

Alcohol %: _____ Grape Variety: _____

Body	○○○○○	Acidity	○○○○○
Tannins	○○○○○	Finish	○○○○○
Flavour intensity	○○○○○	Overall rating	○○○○○

Aroma/ Bouquet: _____

_____

Taste: _____

_____

Food pairings: _____

_____

Value for money: _____

Review notes: _____

_____

_____

Comments: _____

_____

_____

_____

WINE TASTING

Wine No: _____ Who: _____

Date: _____ Price: _____

Wine name: _____ Year: _____

When: _____ Where: _____

Alcohol %: _____ Grape Variety: _____

Body	○○○○○	Acidity	○○○○○
Tannins	○○○○○	Finish	○○○○○
Flavour intensity	○○○○○	Overall rating	○○○○○

Aroma/ Bouquet: _____
_____

Taste: _____
_____

Food pairings: _____
_____

Value for money: _____

Review notes: _____
_____
_____

Comments: _____
_____
_____
_____

WINE TASTING

Wine No: _____ Who: _____

Date: _____ Price: _____

Wine name: _____ Year: _____

When: _____ Where: _____

Alcohol %: _____ Grape Variety: _____

Body	○○○○○	Acidity	○○○○○
Tannins	○○○○○	Finish	○○○○○
Flavour intensity	○○○○○	Overall rating	○○○○○

Aroma/ Bouquet: _____

_____

Taste: _____

_____

Food pairings: _____

_____

Value for money: _____

Review notes: _____

_____

_____

Comments: _____

_____

_____

_____

Home
Is Where
THE WINE IS

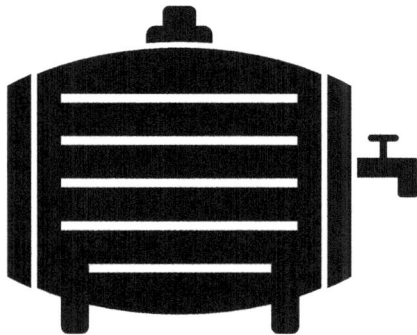

WINE TASTING

Wine No: _____ Who: _____

Date: _____ Price: _____

Wine name: _____ Year: _____

When: _____ Where: _____

Alcohol %: _____ Grape Variety: _____

Body	○○○○○	Acidity	○○○○○
Tannins	○○○○○	Finish	○○○○○
Flavour intensity	○○○○○	Overall rating	○○○○○

Aroma/ Bouquet: _____

_____

Taste: _____

_____

Food pairings: _____

_____

Value for money: _____

Review notes: _____

_____

_____

Comments: _____

_____

_____

_____

WINE TASTING

Wine No: _____ Who: _____

Date: _____ Price: _____

Wine name: _____ Year: _____

When: _____ Where: _____

Alcohol %: _____ Grape Variety: _____

Body	○○○○○	Acidity	○○○○○
Tannins	○○○○○	Finish	○○○○○
Flavour intensity ○○○○○		Overall rating	○○○○○

Aroma/ Bouquet: _____

_____

Taste: _____

_____

Food pairings: _____

_____

Value for money: _____

Review notes: _____

_____

_____

Comments: _____

_____

_____

_____

38

WINE TASTING

Wine No: _____ Who: _____

Date: _____ Price: _____

Wine name: _____ Year: _____

When: _____ Where: _____

Alcohol %: _____ Grape Variety: _____

Body	○○○○○	Acidity	○○○○○
Tannins	○○○○○	Finish	○○○○○
Flavour intensity	○○○○○	Overall rating	○○○○○

Aroma/ Bouquet: _____

_____

Taste: _____

_____

Food pairings: _____

_____

Value for money: _____

Review notes: _____

_____

_____

Comments: _____

_____

_____

_____

WINE TASTING

Wine No: _____ Who: _____

Date: _____ Price: _____

Wine name: _____ Year: _____

When: _____ Where: _____

Alcohol %: _____ Grape Variety: _____

Body	○○○○○	Acidity	○○○○○
Tannins	○○○○○	Finish	○○○○○
Flavour intensity	○○○○○	Overall rating	○○○○○

Aroma/ Bouquet: _____

_____

Taste: _____

_____

Food pairings: _____

_____

Value for money: _____

Review notes: _____

_____

_____

Comments: _____

_____

_____

_____

WINE TASTING

Wine No: _____   Who: _____

Date: _____   Price: _____

Wine name: _____   Year: _____

When: _____   Where: _____

Alcohol %: _____   Grape Variety: _____

Body	○○○○○	Acidity	○○○○○
Tannins	○○○○○	Finish	○○○○○
Flavour intensity	○○○○○	Overall rating	○○○○○

Aroma/ Bouquet: _____

_____

Taste: _____

_____

Food pairings: _____

_____

Value for money: _____

Review notes: _____

_____

_____

Comments: _____

_____

_____

_____

WINE TASTING

Wine No: _____ Who: _____

Date: _____ Price: _____

Wine name: _____ Year: _____

When: _____ Where: _____

Alcohol %: _____ Grape Variety: _____

Body	○○○○○	Acidity	○○○○○
Tannins	○○○○○	Finish	○○○○○
Flavour intensity	○○○○○	Overall rating	○○○○○

Aroma/ Bouquet: _____

_____

Taste: _____

_____

Food pairings: _____

_____

Value for money: _____

Review notes: _____

_____

_____

Comments: _____

_____

_____

_____

WINE TASTING

Wine No: _____   Who: _____

Date: _____   Price: _____

Wine name: _____   Year: _____

When: _____   Where: _____

Alcohol %: _____   Grape Variety: _____

Body	○○○○○	Acidity	○○○○○
Tannins	○○○○○	Finish	○○○○○
Flavour intensity	○○○○○	Overall rating	○○○○○

Aroma/ Bouquet: _____
_____

Taste: _____
_____

Food pairings: _____
_____

Value for money: _____

Review notes: _____
_____
_____

Comments: _____
_____
_____
_____

WINE TASTING

Wine No: _____   Who: _____

Date: _____   Price: _____

Wine name: _____ Year: _____

When: _____   Where: _____

Alcohol %: _____   Grape Variety: _____

Body	○○○○○	Acidity	○○○○○
Tannins	○○○○○	Finish	○○○○○
Flavour intensity	○○○○○	Overall rating	○○○○○

Aroma/ Bouquet: _____

_____

Taste: _____

_____

Food pairings: _____

_____

Value for money: _____

Review notes: _____

_____

_____

Comments: _____

_____

_____

_____

WINE TASTING

Wine No: _____ Who: _____

Date: _____ Price: _____

Wine name: _____ Year: _____

When: _____ Where: _____

Alcohol %: _____ Grape Variety: _____

Body	○○○○○	Acidity	○○○○○
Tannins	○○○○○	Finish	○○○○○
Flavour intensity	○○○○○	Overall rating	○○○○○

Aroma/ Bouquet: _____

_____

Taste: _____

_____

Food pairings: _____

_____

Value for money: _____

Review notes: _____

_____

_____

Comments: _____

_____

_____

_____

WINE TASTING

Wine No: _____   Who: _____

Date: _____   Price: _____

Wine name: _____   Year: _____

When: _____   Where: _____

Alcohol %: _____   Grape Variety: _____

Body	○○○○○	Acidity	○○○○○
Tannins	○○○○○	Finish	○○○○○
Flavour intensity	○○○○○	Overall rating	○○○○○

Aroma/ Bouquet: _____

_____

Taste: _____

_____

Food pairings: _____

_____

Value for money: _____

Review notes: _____

_____

_____

Comments: _____

_____

_____

_____

WINE TASTING

Wine No: _____   Who: _____

Date: _____   Price: _____

Wine name: _____   Year: _____

When: _____   Where: _____

Alcohol %: _____   Grape Variety: _____

Body	○○○○○	Acidity	○○○○○
Tannins	○○○○○	Finish	○○○○○
Flavour intensity	○○○○○	Overall rating	○○○○○

Aroma/ Bouquet: _____

_____

Taste: _____

_____

Food pairings: _____

_____

Value for money: _____

Review notes: _____

_____

_____

Comments: _____

_____

_____

_____

WINE TASTING

Wine No: _____   Who: _____

Date: _____   Price: _____

Wine name: _____ Year: _____

When: _____   Where: _____

Alcohol %: _____   Grape Variety: _____

Body	○○○○○	Acidity	○○○○○
Tannins	○○○○○	Finish	○○○○○
Flavour intensity	○○○○○	Overall rating	○○○○○

Aroma/ Bouquet: _____

_____

Taste: _____

_____

Food pairings: _____

_____

Value for money: _____

Review notes: _____

_____

_____

Comments: _____

_____

_____

_____

WINE TASTING

Wine No: _____ Who: _____

Date: _____ Price: _____

Wine name: _____ Year: _____

When: _____ Where: _____

Alcohol %: _____ Grape Variety: _____

Body	○○○○○	Acidity	○○○○○
Tannins	○○○○○	Finish	○○○○○
Flavour intensity	○○○○○	Overall rating	○○○○○

Aroma/ Bouquet: _____

_____

Taste: _____

_____

Food pairings: _____

_____

Value for money: _____

Review notes: _____

_____

_____

Comments: _____

_____

_____

_____

WINE TASTING

Wine No: _____ Who: _____

Date: _____ Price: _____

Wine name: _____ Year: _____

When: _____ Where: _____

Alcohol %: _____ Grape Variety: _____

Body	○○○○○	Acidity	○○○○○
Tannins	○○○○○	Finish	○○○○○
Flavour intensity	○○○○○	Overall rating	○○○○○

Aroma/ Bouquet: _____

_____

Taste: _____

_____

Food pairings: _____

_____

Value for money: _____

Review notes: _____

_____

_____

Comments: _____

_____

_____

_____

WINE TASTING

Wine No: _____ Who: _____

Date: _____ Price: _____

Wine name: _____ Year: _____

When: _____ Where: _____

Alcohol %: _____ Grape Variety: _____

Body	○○○○○	Acidity	○○○○○
Tannins	○○○○○	Finish	○○○○○
Flavour intensity	○○○○○	Overall rating	○○○○○

Aroma/ Bouquet: _____
_____

Taste: _____
_____

Food pairings: _____
_____

Value for money: _____

Review notes: _____
_____
_____

Comments: _____
_____
_____
_____

WINE TASTING

Wine No: _____ Who: _____

Date: _____ Price: _____

Wine name: _____ Year: _____

When: _____ Where: _____

Alcohol %: _____ Grape Variety: _____

Body	○○○○○	Acidity	○○○○○
Tannins	○○○○○	Finish	○○○○○
Flavour intensity	○○○○○	Overall rating	○○○○○

Aroma/ Bouquet: _____

_____

Taste: _____

_____

Food pairings: _____

_____

Value for money: _____

Review notes: _____

_____

_____

Comments: _____

_____

_____

_____

WINE TASTING

Wine No: _____ Who: _____

Date: _____ Price: _____

Wine name: _____ Year: _____

When: _____ Where: _____

Alcohol %: _____ Grape Variety: _____

Body	○○○○○	Acidity	○○○○○
Tannins	○○○○○	Finish	○○○○○
Flavour intensity	○○○○○	Overall rating	○○○○○

Aroma/ Bouquet: _____

_____

Taste: _____

_____

Food pairings: _____

_____

Value for money: _____

Review notes: _____

_____

_____

Comments: _____

_____

_____

_____

WINE TASTING

Wine No: _____ Who: _____

Date: _____ Price: _____

Wine name: _____ Year: _____

When: _____ Where: _____

Alcohol %: _____ Grape Variety: _____

Body	○○○○○	Acidity	○○○○○
Tannins	○○○○○	Finish	○○○○○
Flavour intensity	○○○○○	Overall rating	○○○○○

Aroma/ Bouquet: _____

_____

Taste: _____

_____

Food pairings: _____

_____

Value for money: _____

Review notes: _____

_____

_____

Comments: _____

_____

_____

_____

WINE TASTING

Wine No: _____   Who: _____

Date: _____   Price: _____

Wine name: _____   Year: _____

When: _____   Where: _____

Alcohol %: _____   Grape Variety: _____

Body	○○○○○	Acidity	○○○○○
Tannins	○○○○○	Finish	○○○○○
Flavour intensity	○○○○○	Overall rating	○○○○○

Aroma/ Bouquet: _____

_____

Taste: _____

_____

Food pairings: _____

_____

Value for money: _____

Review notes: _____

_____

_____

Comments: _____

_____

_____

_____

WINE TASTING

Wine No: _____ Who: _____

Date: _____ Price: _____

Wine name: _____ Year: _____

When: _____ Where: _____

Alcohol %: _____ Grape Variety: _____

Body	○○○○○	Acidity	○○○○○
Tannins	○○○○○	Finish	○○○○○
Flavour intensity	○○○○○	Overall rating	○○○○○

Aroma/ Bouquet: _____

_____

Taste: _____

_____

Food pairings: _____

_____

Value for money: _____

Review notes: _____

_____

_____

Comments: _____

_____

_____

_____

I pair well
WITH WINE

NOTES

WINE TASTING

Wine No: _____   Who: _____

Date: _____   Price: _____

Wine name: _____   Year: _____

When: _____   Where: _____

Alcohol %: _____   Grape Variety: _____

Body	○○○○○	Acidity	○○○○○
Tannins	○○○○○	Finish	○○○○○
Flavour intensity	○○○○○	Overall rating	○○○○○

Aroma/ Bouquet: _____

_____

Taste: _____

_____

Food pairings: _____

_____

Value for money: _____

Review notes: _____

_____

_____

Comments: _____

_____

_____

_____

WINE TASTING

Wine No: _____   Who: _____

Date: _____   Price: _____

Wine name: _____   Year: _____

When: _____   Where: _____

Alcohol %: _____   Grape Variety: _____

Body	○○○○○	Acidity	○○○○○
Tannins	○○○○○	Finish	○○○○○
Flavour intensity	○○○○○	Overall rating	○○○○○

Aroma/ Bouquet: _____

_____

Taste: _____

_____

Food pairings: _____

_____

Value for money: _____

Review notes: _____

_____

_____

Comments: _____

_____

_____

_____

WINE TASTING

Wine No: _____   Who: _____

Date: _____   Price: _____

Wine name: _____ Year: _____

When: _____ Where: _____

Alcohol %: _____   Grape Variety: _____

Body	○○○○○	Acidity	○○○○○
Tannins	○○○○○	Finish	○○○○○
Flavour intensity	○○○○○	Overall rating	○○○○○

Aroma/ Bouquet: _____

_____

Taste: _____

_____

Food pairings: _____

_____

Value for money: _____

Review notes: _____

_____

_____

Comments: _____

_____

_____

_____

WINE TASTING

Wine No: _____ Who: _____

Date: _____ Price: _____

Wine name: _____ Year: _____

When: _____ Where: _____

Alcohol %: _____ Grape Variety: _____

Body	○○○○○	Acidity	○○○○○
Tannins	○○○○○	Finish	○○○○○
Flavour intensity	○○○○○	Overall rating	○○○○○

Aroma/ Bouquet: _____

_____

Taste: _____

_____

Food pairings: _____

_____

Value for money: _____

Review notes: _____

_____

_____

Comments: _____

_____

_____

_____

WINE TASTING

Wine No: _____ Who: _____

Date: _____ Price: _____

Wine name: _____ Year: _____

When: _____ Where: _____

Alcohol %: _____ Grape Variety: _____

Body	○○○○○	Acidity	○○○○○
Tannins	○○○○○	Finish	○○○○○
Flavour intensity	○○○○○	Overall rating	○○○○○

Aroma/ Bouquet: _____

_____

Taste: _____

_____

Food pairings: _____

_____

Value for money: _____

Review notes: _____

_____

_____

Comments: _____

_____

_____

_____

WINE TASTING

Wine No: _____   Who: _____

Date: _____   Price: _____

Wine name: _____   Year: _____

When: _____   Where: _____

Alcohol %: _____   Grape Variety: _____

Body	○○○○○	Acidity	○○○○○
Tannins	○○○○○	Finish	○○○○○
Flavour intensity	○○○○○	Overall rating	○○○○○

Aroma/ Bouquet: _____

_____

Taste: _____

_____

Food pairings: _____

_____

Value for money: _____

Review notes: _____

_____

_____

Comments: _____

_____

_____

_____

WINE TASTING

Wine No: _____ Who: _____

Date: _____ Price: _____

Wine name: _____ Year: _____

When: _____ Where: _____

Alcohol %: _____ Grape Variety: _____

Body	○○○○○	Acidity	○○○○○
Tannins	○○○○○	Finish	○○○○○
Flavour intensity	○○○○○	Overall rating	○○○○○

Aroma/ Bouquet: _____

_____

Taste: _____

_____

Food pairings: _____

_____

Value for money: _____

Review notes: _____

_____

_____

Comments: _____

_____

_____

_____

WINE TASTING

Wine No: _____   Who: _____

Date: _____   Price: _____

Wine name: _____   Year: _____

When: _____   Where: _____

Alcohol %: _____   Grape Variety: _____

Body	○○○○○	Acidity	○○○○○
Tannins	○○○○○	Finish	○○○○○
Flavour intensity	○○○○○	Overall rating	○○○○○

Aroma/ Bouquet: _____

_____

Taste: _____

_____

Food pairings: _____

_____

Value for money: _____

Review notes: _____

_____

_____

Comments: _____

_____

_____

_____

WINE TASTING

Wine No: _____ Who: _____

Date: _____ Price: _____

Wine name: _____ Year: _____

When: _____ Where: _____

Alcohol %: _____ Grape Variety: _____

Body	○○○○○	Acidity	○○○○○
Tannins	○○○○○	Finish	○○○○○
Flavour intensity	○○○○○	Overall rating	○○○○○

Aroma/ Bouquet: _____

_____

Taste: _____

_____

Food pairings: _____

_____

Value for money: _____

Review notes: _____

_____

_____

Comments: _____

_____

_____

_____

WINE TASTING

Wine No: _____ Who: _____

Date: _____ Price: _____

Wine name: _____ Year: _____

When: _____ Where: _____

Alcohol %: _____ Grape Variety: _____

Body	○○○○○	Acidity	○○○○○
Tannins	○○○○○	Finish	○○○○○
Flavour intensity	○○○○○	Overall rating	○○○○○

Aroma/ Bouquet: _____

_____

Taste: _____

_____

Food pairings: _____

_____

Value for money: _____

Review notes: _____

_____

_____

Comments: _____

_____

_____

_____

WINE TASTING

Wine No: _____   Who: _____

Date: _____   Price: _____

Wine name: _____   Year: _____

When: _____   Where: _____

Alcohol %: _____   Grape Variety: _____

Body	○○○○○	Acidity	○○○○○
Tannins	○○○○○	Finish	○○○○○
Flavour intensity	○○○○○	Overall rating	○○○○○

Aroma/ Bouquet: _____
_____

Taste: _____
_____

Food pairings: _____
_____

Value for money: _____

Review notes: _____
_____
_____

Comments: _____
_____
_____
_____

WINE TASTING

Wine No: _____ Who: _____

Date: _____ Price: _____

Wine name: _____ Year: _____

When: _____ Where: _____

Alcohol %: _____ Grape Variety: _____

Body	○○○○○	Acidity	○○○○○
Tannins	○○○○○	Finish	○○○○○
Flavour intensity	○○○○○	Overall rating	○○○○○

Aroma/ Bouquet: _____

_____

Taste: _____

_____

Food pairings: _____

_____

Value for money: _____

Review notes: _____

_____

_____

Comments: _____

_____

_____

_____

WINE TASTING

Wine No: _____ Who: _____

Date: _____ Price: _____

Wine name: _____ Year: _____

When: _____ Where: _____

Alcohol %: _____ Grape Variety: _____

Body	○○○○○	Acidity	○○○○○
Tannins	○○○○○	Finish	○○○○○
Flavour intensity	○○○○○	Overall rating	○○○○○

Aroma/ Bouquet: _____

_____

Taste: _____

_____

Food pairings: _____

_____

Value for money: _____

Review notes: _____

_____

_____

Comments: _____

_____

_____

_____

WINE TASTING

Wine No: _____   Who: _____

Date: _____   Price: _____

Wine name: _____   Year: _____

When: _____   Where: _____

Alcohol %: _____   Grape Variety: _____

Body	○○○○○	Acidity	○○○○○
Tannins	○○○○○	Finish	○○○○○
Flavour intensity	○○○○○	Overall rating	○○○○○

Aroma/ Bouquet: _____

_____

Taste: _____

_____

Food pairings: _____

_____

Value for money: _____

Review notes: _____

_____

_____

Comments: _____

_____

_____

_____

WINE TASTING

Wine No: _____ Who: _____

Date: _____ Price: _____

Wine name: _____ Year: _____

When: _____ Where: _____

Alcohol %: _____ Grape Variety: _____

Body	○○○○○	Acidity	○○○○○
Tannins	○○○○○	Finish	○○○○○
Flavour intensity	○○○○○	Overall rating	○○○○○

Aroma/ Bouquet: _____
_____

Taste: _____
_____

Food pairings: _____
_____

Value for money: _____
Review notes: _____
_____
_____

Comments: _____
_____
_____
_____

WINE TASTING

Wine No: _____   Who: _____

Date: _____   Price: _____

Wine name: _____ Year: _____

When: _____   Where: _____

Alcohol %: _____   Grape Variety: _____

Body	○○○○○	Acidity	○○○○○
Tannins	○○○○○	Finish	○○○○○
Flavour intensity	○○○○○	Overall rating	○○○○○

Aroma/ Bouquet: _____

_____

Taste: _____

_____

Food pairings: _____

_____

Value for money: _____

Review notes: _____

_____

_____

Comments: _____

_____

_____

_____

WINE TASTING

Wine No: _____   Who: _____

Date: _____   Price: _____

Wine name: _____ Year: _____

When: _____   Where: _____

Alcohol %: _____   Grape Variety: _____

Body	○○○○○	Acidity	○○○○○
Tannins	○○○○○	Finish	○○○○○
Flavour intensity	○○○○○	Overall rating	○○○○○

Aroma/ Bouquet: _____

_____

Taste: _____

_____

Food pairings: _____

_____

Value for money: _____

Review notes: _____

_____

_____

Comments: _____

_____

_____

_____

WINE TASTING

Wine No: _____ Who: _____

Date: _____ Price: _____

Wine name: _____ Year: _____

When: _____ Where: _____

Alcohol %: _____ Grape Variety: _____

Body	○○○○○	Acidity	○○○○○
Tannins	○○○○○	Finish	○○○○○
Flavour intensity	○○○○○	Overall rating	○○○○○

Aroma/ Bouquet: _____

_____

Taste: _____

_____

Food pairings: _____

_____

Value for money: _____

Review notes: _____

_____

_____

Comments: _____

_____

_____

_____

WINE TASTING

Wine No: _____ Who: _____

Date: _____ Price: _____

Wine name: _____ Year: _____

When: _____ Where: _____

Alcohol %: _____ Grape Variety: _____

Body	○○○○○	Acidity	○○○○○
Tannins	○○○○○	Finish	○○○○○
Flavour intensity	○○○○○	Overall rating	○○○○○

Aroma/ Bouquet: _____

_____

Taste: _____

_____

Food pairings: _____

_____

Value for money: _____

Review notes: _____

_____

_____

Comments: _____

_____

_____

_____

WINE TASTING

Wine No: _____ Who: _____

Date: _____ Price: _____

Wine name: _____ Year: _____

When: _____ Where: _____

Alcohol %: _____ Grape Variety: _____

Body	○○○○○	Acidity	○○○○○
Tannins	○○○○○	Finish	○○○○○
Flavour intensity	○○○○○	Overall rating	○○○○○

Aroma/ Bouquet: _____

_____

Taste: _____

_____

Food pairings: _____

_____

Value for money: _____

Review notes: _____

_____

_____

Comments: _____

_____

_____

_____

Life happens,
Wine helps

NOTES

WINE TASTING

Wine No: _____   Who: _____

Date: _____   Price: _____

Wine name: _____   Year: _____

When: _____   Where: _____

Alcohol %: _____   Grape Variety: _____

Body	○○○○○	Acidity	○○○○○
Tannins	○○○○○	Finish	○○○○○
Flavour intensity	○○○○○	Overall rating	○○○○○

Aroma/ Bouquet: _____

_____

Taste: _____

_____

Food pairings: _____

_____

Value for money: _____

Review notes: _____

_____

_____

Comments: _____

_____

_____

_____

WINE TASTING

Wine No: _____   Who: _____

Date: _____   Price: _____

Wine name: _____   Year: _____

When: _____   Where: _____

Alcohol %: _____   Grape Variety: _____

Body	○○○○○	Acidity	○○○○○
Tannins	○○○○○	Finish	○○○○○
Flavour intensity	○○○○○	Overall rating	○○○○○

Aroma/ Bouquet: _____

_____

Taste: _____

_____

Food pairings: _____

_____

Value for money: _____

Review notes: _____

_____

_____

Comments: _____

_____

_____

_____

WINE TASTING

Wine No: _____ Who: _____

Date: _____ Price: _____

Wine name: _____ Year: _____

When: _____ Where: _____

Alcohol %: _____ Grape Variety: _____

Body	○○○○○	Acidity	○○○○○
Tannins	○○○○○	Finish	○○○○○
Flavour intensity	○○○○○	Overall rating	○○○○○

Aroma/ Bouquet: _____

_____

Taste: _____

_____

Food pairings: _____

_____

Value for money: _____

Review notes: _____

_____

_____

Comments: _____

_____

_____

_____

WINE TASTING

Wine No: _____ Who: _____

Date: _____ Price: _____

Wine name: _____ Year: _____

When: _____ Where: _____

Alcohol %: _____ Grape Variety: _____

Body	○○○○○	Acidity	○○○○○
Tannins	○○○○○	Finish	○○○○○
Flavour intensity	○○○○○	Overall rating	○○○○○

Aroma/ Bouquet: _____

_____

Taste: _____

_____

Food pairings: _____

_____

Value for money: _____

Review notes: _____

_____

_____

Comments: _____

_____

_____

_____

WINE TASTING

Wine No: _____ Who: _____

Date: _____ Price: _____

Wine name: _____ Year: _____

When: _____ Where: _____

Alcohol %: _____ Grape Variety: _____

Body	○○○○○	Acidity	○○○○○
Tannins	○○○○○	Finish	○○○○○
Flavour intensity	○○○○○	Overall rating	○○○○○

Aroma/ Bouquet: _____

_____

Taste: _____

_____

Food pairings: _____

_____

Value for money: _____

Review notes: _____

_____

_____

Comments: _____

_____

_____

_____

WINE TASTING

Wine No: _____   Who: _____

Date: _____   Price: _____

Wine name: _____   Year: _____

When: _____   Where: _____

Alcohol %: _____   Grape Variety: _____

Body	○○○○○	Acidity	○○○○○
Tannins	○○○○○	Finish	○○○○○
Flavour intensity	○○○○○	Overall rating	○○○○○

Aroma/ Bouquet: _____

_____

Taste: _____

_____

Food pairings: _____

_____

Value for money: _____

Review notes: _____

_____

_____

Comments: _____

_____

_____

_____

WINE TASTING

Wine No: _____ Who: _____

Date: _____ Price: _____

Wine name: _____ Year: _____

When: _____ Where: _____

Alcohol %: _____ Grape Variety: _____

Body	○○○○○	Acidity	○○○○○
Tannins	○○○○○	Finish	○○○○○
Flavour intensity	○○○○○	Overall rating	○○○○○

Aroma/ Bouquet: _____

_____

Taste: _____

_____

Food pairings: _____

_____

Value for money: _____

Review notes: _____

_____

_____

Comments: _____

_____

_____

_____

WINE TASTING

Wine No: _____   Who: _____

Date: _____   Price: _____

Wine name: _____ Year: _____

When: _____   Where: _____

Alcohol %: _____   Grape Variety: _____

Body	○○○○○	Acidity	○○○○○
Tannins	○○○○○	Finish	○○○○○
Flavour intensity	○○○○○	Overall rating	○○○○○

Aroma/ Bouquet: _____

_____

Taste: _____

_____

Food pairings: _____

_____

Value for money: _____

Review notes: _____

_____

_____

Comments: _____

_____

_____

_____

WINE TASTING

Wine No: _____ Who: _____

Date: _____ Price: _____

Wine name: _____ Year: _____

When: _____ Where: _____

Alcohol %: _____ Grape Variety: _____

Body	○○○○○	Acidity	○○○○○
Tannins	○○○○○	Finish	○○○○○
Flavour intensity	○○○○○	Overall rating	○○○○○

Aroma/ Bouquet: _____

_____

Taste: _____

_____

Food pairings: _____

_____

Value for money: _____

Review notes: _____

_____

_____

Comments: _____

_____

_____

_____

WINE TASTING

Wine No: _____   Who: _____

Date: _____   Price: _____

Wine name: _____   Year: _____

When: _____   Where: _____

Alcohol %: _____   Grape Variety: _____

Body	○○○○○	Acidity	○○○○○
Tannins	○○○○○	Finish	○○○○○
Flavour intensity	○○○○○	Overall rating	○○○○○

Aroma/ Bouquet: _____

_____

Taste: _____

_____

Food pairings: _____

_____

Value for money: _____

Review notes: _____

_____

_____

Comments: _____

_____

_____

_____

WINE TASTING

Wine No: _____ Who: _____

Date: _____ Price: _____

Wine name: _____ Year: _____

When: _____ Where: _____

Alcohol %: _____ Grape Variety: _____

Body	○○○○○	Acidity	○○○○○
Tannins	○○○○○	Finish	○○○○○
Flavour intensity	○○○○○	Overall rating	○○○○○

Aroma/ Bouquet: _____

_____

Taste: _____

_____

Food pairings: _____

_____

Value for money: _____

Review notes: _____

_____

_____

Comments: _____

_____

_____

_____

WINE TASTING

Wine No: _____ Who: _____

Date: _____ Price: _____

Wine name: _____ Year: _____

When: _____ Where: _____

Alcohol %: _____ Grape Variety: _____

Body	○○○○○	Acidity	○○○○○
Tannins	○○○○○	Finish	○○○○○
Flavour intensity	○○○○○	Overall rating	○○○○○

Aroma/ Bouquet: _____

_____

Taste: _____

_____

Food pairings: _____

_____

Value for money: _____

Review notes: _____

_____

_____

Comments: _____

_____

_____

_____

WINE TASTING

Wine No: _____ Who: _____

Date: _____ Price: _____

Wine name: _____ Year: _____

When: _____ Where: _____

Alcohol %: _____ Grape Variety: _____

Body	○○○○○	Acidity	○○○○○
Tannins	○○○○○	Finish	○○○○○
Flavour intensity	○○○○○	Overall rating	○○○○○

Aroma/ Bouquet: _____

_____

Taste: _____

_____

Food pairings: _____

_____

Value for money: _____

Review notes: _____

_____

_____

Comments: _____

_____

_____

_____

WINE TASTING

Wine No: _____ Who: _____

Date: _____ Price: _____

Wine name: _____ Year: _____

When: _____ Where: _____

Alcohol %: _____ Grape Variety: _____

Body	○○○○○	Acidity	○○○○○
Tannins	○○○○○	Finish	○○○○○
Flavour intensity	○○○○○	Overall rating	○○○○○

Aroma/ Bouquet: _____
_____

Taste: _____
_____

Food pairings: _____
_____

Value for money: _____

Review notes: _____
_____
_____

Comments: _____
_____
_____
_____

WINE TASTING

Wine No: _____ Who: _____

Date: _____ Price: _____

Wine name: _____ Year: _____

When: _____ Where: _____

Alcohol %: _____ Grape Variety: _____

Body	○○○○○	Acidity	○○○○○
Tannins	○○○○○	Finish	○○○○○
Flavour intensity	○○○○○	Overall rating	○○○○○

Aroma/ Bouquet: _____

_____

Taste: _____

_____

Food pairings: _____

_____

Value for money: _____

Review notes: _____

_____

_____

Comments: _____

_____

_____

_____

WINE TASTING

Wine No: _____   Who: _____

Date: _____   Price: _____

Wine name: _____   Year: _____

When: _____   Where: _____

Alcohol %: _____   Grape Variety: _____

Body	○○○○○	Acidity	○○○○○
Tannins	○○○○○	Finish	○○○○○
Flavour intensity	○○○○○	Overall rating	○○○○○

Aroma/ Bouquet: _____

_____

Taste: _____

_____

Food pairings: _____

_____

Value for money: _____

Review notes: _____

_____

_____

Comments: _____

_____

_____

_____

WINE TASTING

Wine No: _____ Who: _____

Date: _____ Price: _____

Wine name: _____ Year: _____

When: _____ Where: _____

Alcohol %: _____ Grape Variety: _____

Body	○○○○○	Acidity	○○○○○
Tannins	○○○○○	Finish	○○○○○
Flavour intensity	○○○○○	Overall rating	○○○○○

Aroma/ Bouquet: _____

_____

Taste: _____

_____

Food pairings: _____

_____

Value for money: _____

Review notes: _____

_____

_____

Comments: _____

_____

_____

_____

WINE TASTING

Wine No: _____   Who: _____

Date: _____   Price: _____

Wine name: _____ Year: _____

When: _____   Where: _____

Alcohol %: _____   Grape Variety: _____

Body	○○○○○	Acidity	○○○○○
Tannins	○○○○○	Finish	○○○○○
Flavour intensity	○○○○○	Overall rating	○○○○○

Aroma/ Bouquet: _____
_____

Taste: _____
_____

Food pairings: _____
_____

Value for money: _____
Review notes: _____
_____
_____

Comments: _____
_____
_____
_____

WINE TASTING

Wine No: _____ Who: _____

Date: _____ Price: _____

Wine name: _____ Year: _____

When: _____ Where: _____

Alcohol %: _____ Grape Variety: _____

Body	○○○○○	Acidity	○○○○○
Tannins	○○○○○	Finish	○○○○○
Flavour intensity	○○○○○	Overall rating	○○○○○

Aroma/ Bouquet: _____

_____

Taste: _____

_____

Food pairings: _____

_____

Value for money: _____

Review notes: _____

_____

_____

Comments: _____

_____

_____

_____

WINE TASTING

Wine No: _____ Who: _____

Date: _____ Price: _____

Wine name: _____ Year: _____

When: _____ Where: _____

Alcohol %: _____ Grape Variety: _____

Body	○○○○○	Acidity	○○○○○
Tannins	○○○○○	Finish	○○○○○
Flavour intensity	○○○○○	Overall rating	○○○○○

Aroma/ Bouquet: _____
_____

Taste: _____
_____

Food pairings: _____
_____

Value for money: _____

Review notes: _____
_____
_____

Comments: _____
_____
_____
_____

WINE
IS
Cheaper
Than
THERAPY

WINE TASTING

Wine No: _____   Who: _____

Date: _____   Price: _____

Wine name: _____ Year: _____

When: _____   Where: _____

Alcohol %: _____   Grape Variety: _____

Body	○○○○○	Acidity	○○○○○
Tannins	○○○○○	Finish	○○○○○
Flavour intensity	○○○○○	Overall rating	○○○○○

Aroma/ Bouquet: _____

_____

Taste: _____

_____

Food pairings: _____

_____

Value for money: _____

Review notes: _____

_____

_____

Comments: _____

_____

_____

_____

WINE TASTING

Wine No: _____   Who: _____

Date: _____   Price: _____

Wine name: _____ Year: _____

When: _____   Where: _____

Alcohol %: _____   Grape Variety: _____

Body	○○○○○	Acidity	○○○○○
Tannins	○○○○○	Finish	○○○○○
Flavour intensity	○○○○○	Overall rating	○○○○○

Aroma/ Bouquet: _____

_____

Taste: _____

_____

Food pairings: _____

_____

Value for money: _____

Review notes: _____

_____

_____

Comments: _____

_____

_____

_____

WINE TASTING

Wine No: _____   Who: _____

Date: _____   Price: _____

Wine name: _____   Year: _____

When: _____   Where: _____

Alcohol %: _____   Grape Variety: _____

Body	○○○○○	Acidity	○○○○○
Tannins	○○○○○	Finish	○○○○○
Flavour intensity	○○○○○	Overall rating	○○○○○

Aroma/ Bouquet: _____

_____

Taste: _____

_____

Food pairings: _____

_____

Value for money: _____

Review notes: _____

_____

_____

Comments: _____

_____

_____

_____

WINE TASTING

Wine No: _____ Who: _____

Date: _____ Price: _____

Wine name: _____ Year: _____

When: _____ Where: _____

Alcohol %: _____ Grape Variety: _____

Body	○○○○○	Acidity	○○○○○
Tannins	○○○○○	Finish	○○○○○
Flavour intensity	○○○○○	Overall rating	○○○○○

Aroma/ Bouquet: _____

_____

Taste: _____

_____

Food pairings: _____

_____

Value for money: _____

Review notes: _____

_____

_____

Comments: _____

_____

_____

_____

WINE TASTING

Wine No: _____ Who: _____

Date: _____ Price: _____

Wine name: _____ Year: _____

When: _____ Where: _____

Alcohol %: _____ Grape Variety: _____

Body	○○○○○	Acidity	○○○○○
Tannins	○○○○○	Finish	○○○○○
Flavour intensity	○○○○○	Overall rating	○○○○○

Aroma/ Bouquet: _____

_____

Taste: _____

_____

Food pairings: _____

_____

Value for money: _____

Review notes: _____

_____

_____

Comments: _____

_____

_____

_____

WINE TASTING

Wine No: _____   Who: _____

Date: _____   Price: _____

Wine name: _____   Year: _____

When: _____   Where: _____

Alcohol %: _____   Grape Variety: _____

Body	○○○○○	Acidity	○○○○○
Tannins	○○○○○	Finish	○○○○○
Flavour intensity	○○○○○	Overall rating	○○○○○

Aroma/ Bouquet: _____

_____

Taste: _____

_____

Food pairings: _____

_____

Value for money: _____

Review notes: _____

_____

_____

Comments: _____

_____

_____

WINE TASTING

Wine No: _____ Who: _____

Date: _____ Price: _____

Wine name: _____ Year: _____

When: _____ Where: _____

Alcohol %: _____ Grape Variety: _____

Body	○○○○○	Acidity	○○○○○
Tannins	○○○○○	Finish	○○○○○
Flavour intensity	○○○○○	Overall rating	○○○○○

Aroma/ Bouquet: _____
_____

Taste: _____
_____

Food pairings: _____
_____

Value for money: _____

Review notes: _____
_____
_____

Comments: _____
_____
_____
_____

WINE TASTING

Wine No: _____ Who: _____

Date: _____ Price: _____

Wine name: _____ Year: _____

When: _____ Where: _____

Alcohol %: _____ Grape Variety: _____

Body	○○○○○	Acidity	○○○○○
Tannins	○○○○○	Finish	○○○○○
Flavour intensity	○○○○○	Overall rating	○○○○○

Aroma/ Bouquet: _____

_____

Taste: _____

_____

Food pairings: _____

_____

Value for money: _____

Review notes: _____

_____

_____

Comments: _____

_____

_____

_____

WINE TASTING

Wine No: _____   Who: _____

Date: _____   Price: _____

Wine name: _____   Year: _____

When: _____   Where: _____

Alcohol %: _____   Grape Variety: _____

Body	○○○○○	Acidity	○○○○○
Tannins	○○○○○	Finish	○○○○○
Flavour intensity	○○○○○	Overall rating	○○○○○

Aroma/ Bouquet: _____

_____

Taste: _____

_____

Food pairings: _____

_____

Value for money: _____

Review notes: _____

_____

_____

Comments: _____

_____

_____

_____

WINE TASTING

Wine No: _____ Who: _____

Date: _____ Price: _____

Wine name: _____ Year: _____

When: _____ Where: _____

Alcohol %: _____ Grape Variety: _____

Body	○○○○○	Acidity	○○○○○
Tannins	○○○○○	Finish	○○○○○
Flavour intensity	○○○○○	Overall rating	○○○○○

Aroma/ Bouquet: _____
_____

Taste: _____
_____

Food pairings: _____
_____

Value for money: _____

Review notes: _____
_____
_____

Comments: _____
_____
_____
_____

WINE TASTING

Wine No: _____ Who: _____

Date: _____ Price: _____

Wine name: _____ Year: _____

When: _____ Where: _____

Alcohol %: _____ Grape Variety: _____

Body	○○○○○	Acidity	○○○○○
Tannins	○○○○○	Finish	○○○○○
Flavour intensity	○○○○○	Overall rating	○○○○○

Aroma/ Bouquet: _____

_____

Taste: _____

_____

Food pairings: _____

_____

Value for money: _____

Review notes: _____

_____

_____

Comments: _____

_____

_____

_____

WINE TASTING

Wine No: _____ Who: _____

Date: _____ Price: _____

Wine name: _____ Year: _____

When: _____ Where: _____

Alcohol %: _____ Grape Variety: _____

Body	⭕⭕⭕⭕⭕	Acidity	⭕⭕⭕⭕⭕
Tannins	⭕⭕⭕⭕⭕	Finish	⭕⭕⭕⭕⭕
Flavour intensity	⭕⭕⭕⭕⭕	Overall rating	⭕⭕⭕⭕⭕

Aroma/ Bouquet: _____

_____

Taste: _____

_____

Food pairings: _____

_____

Value for money: _____

Review notes: _____

_____

_____

Comments: _____

_____

_____

_____

WINE TASTING

Wine No: _____ Who: _____

Date: _____ Price: _____

Wine name: _____ Year: _____

When: _____ Where: _____

Alcohol %: _____ Grape Variety: _____

Body	○○○○○	Acidity	○○○○○
Tannins	○○○○○	Finish	○○○○○
Flavour intensity	○○○○○	Overall rating	○○○○○

Aroma/ Bouquet: _____

_____

Taste: _____

_____

Food pairings: _____

_____

Value for money: _____

Review notes: _____

_____

_____

Comments: _____

_____

_____

_____

WINE TASTING

Wine No: _____ Who: _____

Date: _____ Price: _____

Wine name: _____ Year: _____

When: _____ Where: _____

Alcohol %: _____ Grape Variety: _____

Body	○○○○○	Acidity	○○○○○
Tannins	○○○○○	Finish	○○○○○
Flavour intensity	○○○○○	Overall rating	○○○○○

Aroma/ Bouquet: _____

_____

Taste: _____

_____

Food pairings: _____

_____

Value for money: _____

Review notes: _____

_____

_____

Comments: _____

_____

_____

_____

WINE TASTING

Wine No: _____   Who: _____

Date: _____   Price: _____

Wine name: _____   Year: _____

When: _____   Where: _____

Alcohol %: _____   Grape Variety: _____

Body	○○○○○	Acidity	○○○○○
Tannins	○○○○○	Finish	○○○○○
Flavour intensity	○○○○○	Overall rating	○○○○○

Aroma/ Bouquet: _____
_____

Taste: _____
_____

Food pairings: _____
_____

Value for money: _____

Review notes: _____
_____
_____

Comments: _____
_____
_____
_____

WINE TASTING

Wine No: _____ Who: _____

Date: _____ Price: _____

Wine name: _____ Year: _____

When: _____ Where: _____

Alcohol %: _____ Grape Variety: _____

Body	○○○○○	Acidity	○○○○○
Tannins	○○○○○	Finish	○○○○○
Flavour intensity	○○○○○	Overall rating	○○○○○

Aroma/ Bouquet: _____

_____

Taste: _____

_____

Food pairings: _____

_____

Value for money: _____

Review notes: _____

_____

_____

Comments: _____

_____

_____

_____

WINE TASTING

Wine No: _____ Who: _____

Date: _____ Price: _____

Wine name: _____ Year: _____

When: _____ Where: _____

Alcohol %: _____ Grape Variety: _____

Body	○○○○○	Acidity	○○○○○
Tannins	○○○○○	Finish	○○○○○
Flavour intensity	○○○○○	Overall rating	○○○○○

Aroma/ Bouquet: _____

_____

Taste: _____

_____

Food pairings: _____

_____

Value for money: _____

Review notes: _____

_____

_____

Comments: _____

_____

_____

_____

WINE TASTING

Wine No: _____ Who: _____

Date: _____ Price: _____

Wine name: _____ Year: _____

When: _____ Where: _____

Alcohol %: _____ Grape Variety: _____

Body	○○○○○	Acidity	○○○○○
Tannins	○○○○○	Finish	○○○○○
Flavour intensity	○○○○○	Overall rating	○○○○○

Aroma/ Bouquet: _____

_____

Taste: _____

_____

Food pairings: _____

_____

Value for money: _____

Review notes: _____

_____

_____

Comments: _____

_____

_____

_____

WINE TASTING

Wine No: _____ Who: _____

Date: _____ Price: _____

Wine name: _____ Year: _____

When: _____ Where: _____

Alcohol %: _____ Grape Variety: _____

Body	○○○○○	Acidity	○○○○○
Tannins	○○○○○	Finish	○○○○○
Flavour intensity	○○○○○	Overall rating	○○○○○

Aroma/ Bouquet: _____

_____

Taste: _____

_____

Food pairings: _____

_____

Value for money: _____

Review notes: _____

_____

_____

Comments: _____

_____

_____

_____

WINE TASTING

Wine No: _____   Who: _____

Date: _____   Price: _____

Wine name: _____   Year: _____

When: _____   Where: _____

Alcohol %: _____   Grape Variety: _____

Body	○○○○○	Acidity	○○○○○
Tannins	○○○○○	Finish	○○○○○
Flavour intensity	○○○○○	Overall rating	○○○○○

Aroma/ Bouquet: _____
_____

Taste: _____
_____

Food pairings: _____
_____

Value for money: _____

Review notes: _____
_____
_____

Comments: _____
_____
_____
_____

YOU CAN'T BUY

HAPPINESS

but

YOU CAN BUY

WINE

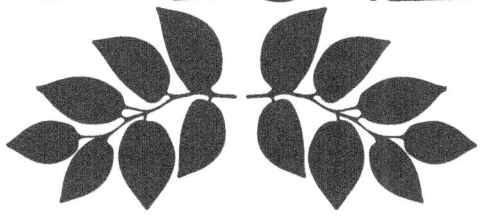

NOTES

WINE TASTING

Wine No: _____   Who: _____

Date: _____   Price: _____

Wine name: _____   Year: _____

When: _____   Where: _____

Alcohol %: _____   Grape Variety: _____

Body	○○○○○	Acidity	○○○○○
Tannins	○○○○○	Finish	○○○○○
Flavour intensity	○○○○○	Overall rating	○○○○○

Aroma/ Bouquet: _____

_____

Taste: _____

_____

Food pairings: _____

_____

Value for money: _____

Review notes: _____

_____

_____

Comments: _____

_____

_____

_____

WINE TASTING

Wine No: _____ Who: _____

Date: _____ Price: _____

Wine name: _____ Year: _____

When: _____ Where: _____

Alcohol %: _____ Grape Variety: _____

Body	○○○○○	Acidity	○○○○○
Tannins	○○○○○	Finish	○○○○○
Flavour intensity	○○○○○	Overall rating	○○○○○

Aroma/ Bouquet: _____

_____

Taste: _____

_____

Food pairings: _____

_____

Value for money: _____

Review notes: _____

_____

_____

Comments: _____

_____

_____

_____

WINE TASTING

Wine No: _____ Who: _____

Date: _____ Price: _____

Wine name: _____ Year: _____

When: _____ Where: _____

Alcohol %: _____ Grape Variety: _____

Body	○○○○○	Acidity	○○○○○
Tannins	○○○○○	Finish	○○○○○
Flavour intensity	○○○○○	Overall rating	○○○○○

Aroma/ Bouquet: _____

_____

Taste: _____

_____

Food pairings: _____

_____

Value for money: _____

Review notes: _____

_____

_____

Comments: _____

_____

_____

_____

WINE TASTING

Wine No: _____ Who: _____

Date: _____ Price: _____

Wine name: _____ Year: _____

When: _____ Where: _____

Alcohol %: _____ Grape Variety: _____

Body	⭕⭕⭕⭕⭕	Acidity	⭕⭕⭕⭕⭕
Tannins	⭕⭕⭕⭕⭕	Finish	⭕⭕⭕⭕⭕
Flavour intensity	⭕⭕⭕⭕⭕	Overall rating	⭕⭕⭕⭕⭕

Aroma/ Bouquet: _____

_____

Taste: _____

_____

Food pairings: _____

_____

Value for money: _____

Review notes: _____

_____

_____

Comments: _____

_____

_____

_____

WINE TASTING

Wine No: _____   Who: _____

Date: _____   Price: _____

Wine name: _____   Year: _____

When: _____   Where: _____

Alcohol %: _____   Grape Variety: _____

Body	○○○○○	Acidity	○○○○○
Tannins	○○○○○	Finish	○○○○○
Flavour intensity	○○○○○	Overall rating	○○○○○

Aroma/ Bouquet: _____

_____

Taste: _____

_____

Food pairings: _____

_____

Value for money: _____

Review notes: _____

_____

_____

Comments: _____

_____

_____

_____

WINE TASTING

Wine No: _____   Who: _____

Date: _____   Price: _____

Wine name: _____   Year: _____

When: _____   Where: _____

Alcohol %: _____   Grape Variety: _____

Body	○○○○○	Acidity	○○○○○
Tannins	○○○○○	Finish	○○○○○
Flavour intensity	○○○○○	Overall rating	○○○○○

Aroma/ Bouquet: _____
_____

Taste: _____
_____

Food pairings: _____
_____

Value for money: _____

Review notes: _____
_____
_____

Comments: _____
_____
_____
_____

WINE TASTING

Wine No: _____ Who: _____

Date: _____ Price: _____

Wine name: _____ Year: _____

When: _____ Where: _____

Alcohol %: _____ Grape Variety: _____

Body	○○○○○	Acidity	○○○○○
Tannins	○○○○○	Finish	○○○○○
Flavour intensity	○○○○○	Overall rating	○○○○○

Aroma/ Bouquet: _____

_____

Taste: _____

_____

Food pairings: _____

_____

Value for money: _____

Review notes: _____

_____

_____

Comments: _____

_____

_____

_____

WINE TASTING

Wine No: _____ Who: _____

Date: _____ Price: _____

Wine name: _____ Year: _____

When: _____ Where: _____

Alcohol %: _____ Grape Variety: _____

Body	○○○○○	Acidity	○○○○○
Tannins	○○○○○	Finish	○○○○○
Flavour intensity	○○○○○	Overall rating	○○○○○

Aroma/ Bouquet: _____

_____

Taste: _____

_____

Food pairings: _____

_____

Value for money: _____

Review notes: _____

_____

_____

Comments: _____

_____

_____

_____

WINE TASTING

Wine No: _____ Who: _____

Date: _____ Price: _____

Wine name: _____ Year: _____

When: _____ Where: _____

Alcohol %: _____ Grape Variety: _____

Body	○○○○○	Acidity	○○○○○
Tannins	○○○○○	Finish	○○○○○
Flavour intensity	○○○○○	Overall rating	○○○○○

Aroma/ Bouquet: _____

_____

Taste: _____

_____

Food pairings: _____

_____

Value for money: _____

Review notes: _____

_____

_____

Comments: _____

_____

_____

_____

WINE TASTING

Wine No: _____ Who: _____

Date: _____ Price: _____

Wine name: _____ Year: _____

When: _____ Where: _____

Alcohol %: _____ Grape Variety: _____

Body	○○○○○	Acidity	○○○○○
Tannins	○○○○○	Finish	○○○○○
Flavour intensity	○○○○○	Overall rating	○○○○○

Aroma/ Bouquet: _____

_____

Taste: _____

_____

Food pairings: _____

_____

Value for money: _____

Review notes: _____

_____

_____

Comments: _____

_____

_____

_____

WINE TASTING

Wine No: _____ Who: _____

Date: _____ Price: _____

Wine name: _____ Year: _____

When: _____ Where: _____

Alcohol %: _____ Grape Variety: _____

Body	○○○○○	Acidity	○○○○○
Tannins	○○○○○	Finish	○○○○○
Flavour intensity	○○○○○	Overall rating	○○○○○

Aroma/ Bouquet: _____
_____

Taste: _____
_____

Food pairings: _____
_____

Value for money: _____

Review notes: _____
_____
_____

Comments: _____
_____
_____
_____

WINE TASTING

Wine No: _____   Who: _____

Date: _____   Price: _____

Wine name: _____ Year: _____

When: _____   Where: _____

Alcohol %: _____   Grape Variety: _____

Body	○○○○○	Acidity	○○○○○
Tannins	○○○○○	Finish	○○○○○
Flavour intensity	○○○○○	Overall rating	○○○○○

Aroma/ Bouquet: _____
_____

Taste: _____
_____

Food pairings: _____
_____

Value for money: _____
Review notes: _____
_____
_____

Comments: _____
_____
_____
_____

WINE TASTING

Wine No: _____ Who: _____

Date: _____ Price: _____

Wine name: _____ Year: _____

When: _____ Where: _____

Alcohol %: _____ Grape Variety: _____

Body	○○○○○	Acidity	○○○○○
Tannins	○○○○○	Finish	○○○○○
Flavour intensity	○○○○○	Overall rating	○○○○○

Aroma/ Bouquet: _____

_____

Taste: _____

_____

Food pairings: _____

_____

Value for money: _____

Review notes: _____

_____

_____

Comments: _____

_____

_____

_____

WINE TASTING

Wine No: _____   Who: _____

Date: _____   Price: _____

Wine name: _____ Year: _____

When: _____ Where: _____

Alcohol %: _____ Grape Variety: _____

Body	○○○○○	Acidity	○○○○○
Tannins	○○○○○	Finish	○○○○○
Flavour intensity	○○○○○	Overall rating	○○○○○

Aroma/ Bouquet: _____

_____

Taste: _____

_____

Food pairings: _____

_____

Value for money: _____

Review notes: _____

_____

_____

Comments: _____

_____

_____

_____

WINE TASTING

Wine No: _____ Who: _____

Date: _____ Price: _____

Wine name: _____ Year: _____

When: _____ Where: _____

Alcohol %: _____ Grape Variety: _____

Body	○○○○○	Acidity	○○○○○
Tannins	○○○○○	Finish	○○○○○
Flavour intensity	○○○○○	Overall rating	○○○○○

Aroma/ Bouquet: _____
_____

Taste: _____
_____

Food pairings: _____
_____

Value for money: _____

Review notes: _____
_____
_____

Comments: _____
_____
_____
_____

WINE TASTING

Wine No: _____ Who: _____

Date: _____ Price: _____

Wine name: _____ Year: _____

When: _____ Where: _____

Alcohol %: _____ Grape Variety: _____

Body	○○○○○	Acidity	○○○○○
Tannins	○○○○○	Finish	○○○○○
Flavour intensity	○○○○○	Overall rating	○○○○○

Aroma/ Bouquet: _____

_____

Taste: _____

_____

Food pairings: _____

_____

Value for money: _____

Review notes: _____

_____

_____

Comments: _____

_____

_____

_____

WINE TASTING

Wine No: _____ Who: _____

Date: _____ Price: _____

Wine name: _____ Year: _____

When: _____ Where: _____

Alcohol %: _____ Grape Variety: _____

Body	○○○○○	Acidity	○○○○○
Tannins	○○○○○	Finish	○○○○○
Flavour intensity	○○○○○	Overall rating	○○○○○

Aroma/ Bouquet: _____
_____

Taste: _____
_____

Food pairings: _____
_____

Value for money: _____

Review notes: _____
_____
_____

Comments: _____
_____
_____
_____

WINE TASTING

Wine No: _____   Who: _____

Date: _____   Price: _____

Wine name: _____   Year: _____

When: _____   Where: _____

Alcohol %: _____   Grape Variety: _____

Body	○○○○○	Acidity	○○○○○
Tannins	○○○○○	Finish	○○○○○
Flavour intensity	○○○○○	Overall rating	○○○○○

Aroma/ Bouquet: _____
_____

Taste: _____
_____

Food pairings: _____
_____

Value for money: _____

Review notes: _____
_____
_____

Comments: _____
_____
_____
_____

WINE TASTING

Wine No: _____   Who: _____

Date: _____   Price: _____

Wine name: _____   Year: _____

When: _____   Where: _____

Alcohol %: _____   Grape Variety: _____

Body	○○○○○	Acidity	○○○○○
Tannins	○○○○○	Finish	○○○○○
Flavour intensity	○○○○○	Overall rating	○○○○○

Aroma/ Bouquet: _____

_____

Taste: _____

_____

Food pairings: _____

_____

Value for money: _____

Review notes: _____

_____

_____

Comments: _____

_____

_____

WINE TASTING

Wine No: _____   Who: _____

Date: _____   Price: _____

Wine name: _____   Year: _____

When: _____   Where: _____

Alcohol %: _____   Grape Variety: _____

Body	○○○○○	Acidity	○○○○○
Tannins	○○○○○	Finish	○○○○○
Flavour intensity	○○○○○	Overall rating	○○○○○

Aroma/ Bouquet: _____

_____

Taste: _____

_____

Food pairings: _____

_____

Value for money: _____

Review notes: _____

_____

_____

Comments: _____

_____

_____

_____

I'd Give Up Wine But I'm Not A Quitter

NOTES

Printed in Great Britain
by Amazon

82373434R00089